Karin Hirschi • Lichtfunken des Seins

Karin Hirschi

Lichtfunken des Seins

Verzauberte Worte – esoterische Verse

FRIELING

Die Deutsche Bibliothek – CIP-Einheitsaufnahme
Hirschi, Karin:
Lichtfunken des Seins : Verzauberte Worte – esoterische Verse /
Karin Hirschi. – Orig.-Ausg.,
1. Aufl. – Berlin: Frieling, 1998
ISBN 3-8280-0757-0

Hünefeldzeile 18, D-12247 Berlin-Steglitz
Telefon: 0 30 / 76 69 99-0

ISBN 3-8280-0757-0
1. Auflage 1998
Umschlaggestaltung: Michael Reichmuth
Satz: Satz- und Verlagsservice Ulrich Bogun, Berlin

Printed in Germany

Vorwort

Es waren die Schwingen des Adlers, die mich diese Worte erkennen ließen, sie flossen in mein Herz, als ich beim Aufsteigen die Sterne berührte. So begann die Reise, die niemals zu Ende sein wird, sie führte mich in das Land der Länder, an den Ursprung, wo sich Licht und Schatten die Hand geben, um nicht als Feinde, sondern als Brüder Eins zu sein.

Mögen diese Worte auch Dich berühren, Dich zum Lachen und zum Weinen bringen, denn die Tränen der Traurigkeit sind genauso wichtig wie die Tränen des Lachens, sie entspringen beide aus der Tiefe Deiner Seele.

Einst, vor langer, langer Zeit, waren wir alle vereint, unsere Heimat war in dem Land ohne Namen. Da ist die kleine, immer brennende Kerze in unserem Herzen, die uns daran erinnert, von der aus auch das Gefühl, das wir Sehnsucht nennen, seinen Ursprung hat. So wisse, daß Dein Traum niemals nur ein Traum ist, denn alles ist, und wird immer sein, hier oder irgendwo da draußen in der Weite des Weltalls, im Land ohne Namen.

Ich begann, die Worte aufzuschreiben, sie als kleine Lichtfunken festzuhalten, um sie dann von ihrem Herzen in mein und in Dein Herz fließen zu lassen. Wenn ich von ‚ihrem' spreche, meine ich die wunderbaren Wesen des Lichtes, die wie Tausende Sonnen strahlen und uns die Ewigkeit zeigen. Ich bedanke mich von ganzem Herzen bei ihnen, sie, die unser aller Brüder und Schwestern sind, auch Engel genannt.

Gewidmet

Sin, meinem Lichtwesen der Worte, meinen Engeln
und Geistführern, denen ich all das zu verdanken habe.
Allen Lebewesen in, auf und um diesen Planeten
und von ganzem Herzen der Erde.
Und dir, Roland, der du schon viele Tausende Jahre
an meiner Seite bist.

DANKE

Manchmal träume ich ...
es ist der Traum meines Herzens,
schwer fällt es mir, die richtigen Worte zu finden.
Worte, um verstanden zu werden,
stark sind meine Wünsche,
daß du Traum in Erfüllung gehen wirst,
es ist der des Paradieses,
Paradies auf Erden,
Tier und Tier,
Mensch und Mensch,
friedvoll Seite an Seite,
ewiger Friede,
kein Blut, nein,
Harmonie,
ich bete zu dir, großer Geist,
möge mein Traum sich erfüllen,
möge verstehen mich der Mensch,
möge erhören mich dein Herz,
ja, manchmal träume ich ...

Geschrieben für meine Engel,
Worte sind in meinem Herzen,
Worte voller Dankbarkeit, voller Liebe,
umarmen werde ich euch,
im Geiste vereint,
wahre Freunde,
Wesen des Lichts,
Begleiter der Tage und der Nächte,
mein Herz erfüllt ihr mit leisen Worten,
Dank den Führern des Lichts,
gemeinsam gehen wir des Weges,
gemeinsam beschreiten wir den irdischen Pfad,
bis gerufen ich werde vom Herrn des Lichts,
es wird der Ruf des Adlers sein,
dem ich folgen werde,
von neuem begleitet von meinen Engeln,
Lichtfreunden und Führern,
habt Dank für eure Nähe.

Bezauberndes Meer,
schenkst Weite und Größe,
läßt sanft die Wellen das Ufer berühren,
wiegst zart den goldenen Sand,
Steine und Muscheln tanzen im Schoße deiner Selbst,
dann ganz langsam und doch voller Kraft
erscheinst du als kraftvolles Wesen,
wirst deiner unendlichen Größe treu,
dein Rauschen ist das Lied der Sehnsucht,
deine Weite wird zum Spiegel der Unendlichkeit,
stehend auf einem Felsen die Augen gerichtet
auf deinen Horizont,
das Herz weit geöffnet,
ja, dann ist es, als ob ich du wäre und du ich,
als ob deine Weite meine Weite wäre,
und so werde ich in meinem Leben
Weite und Größe sein
und nah, so nah wird mir meine Unendlichkeit erscheinen.

Ich höre das leise Weinen eines Kindes,
sanft dringen die Schluchzer aus der Dämmerung zu mir,
wie von Geisterhand geführt gehe ich
langsam auf diese Traurigkeit zu,
ein Kinderwesen steht an einen Baum gelehnt,
allein mit seinem traurigen Selbst,
mit großen tränenerfüllten Augen sieht es mich an,
streckt hilfesuchend mir seine Hand entgegen,
ich erfasse diese kleine Hand,
die mich Kälte und Trauer spüren läßt,
lasse tröstende Wärme in sie fließen,
ich bin da, um dir meine Hand zu reichen,
doch liebes Kind,
den Weg deines Lebens mußt du allein gehen.

Grenzenloses Himmelszelt,
Vogel der Freiheit gleitet sanft
der Unendlichkeit entgegen,
erhascht für kurze Momente
die wunderbare Weite des Seins,
doch immer kehrt er zurück
in sein jetziges Leben,
um das zu sein und zu beenden,
was er hat bestimmt,
zu sein ein Vogel,
dem Himmel so nah,
und mit der Erde verbunden.

Du streckst deine Arme dem Himmelszelt entgegen,
versuchst die unendliche Weite zu umarmen,
zu erfühlen,
du kniest auf der Erde,
berührst sie,
läßt sanft die Erde durch deine Finger gleiten,
du möchtest Eins sein mit Himmel und Erde,
möchtest ertasten die Weite und das Nahe,
doch wisse, all das ist in dir,
ertaste dich selbst,
du wirst erkennen, wie weit das Nahe
und wie nah das Weite ist,
so werden sich Himmel und Erde vereinen in dir.

Wunderschöner Wasserfall,
du läßt Tausende von kleinen Wassertropfen
sich vereinen in ein kraftvolles Wesen,
läßt erblühen deine Ufer in bezauberndes Leben,
du gehst unaufhaltsam deinen Weg,
bist ein Meister deiner Zauberkraft,
zauberst wundervolle Regenbogen
und leuchtende Sterne um dein Selbst,
du erinnerst mich an ein Wesen im Menschenkleid,
das im stetigen Vorwärtsziehen vielen Wesen
Freude und Wissen schenkt,
das vorwärts geht im Wissen,
die Ewigkeit zu berühren,
sich zu vereinen mit der lichtvollen Kraft,
um dann in vollkommener Ruhe sich selbst zu sein
und den Kreis der Ewigkeit zu schließen.

Sanft berührt der Wind dein Gesicht,
spielt mit deinem Haar,
deine Augen ruhen in der Ferne,
es ist, als ob dein Atem der Atem der Erde ist,
Erinnerung hüllt dich ein,
du erinnerst dich an die Zeit vor dieser Zeit,
der Wind flüstert dir ins Ohr,
Wissen fließt von ihm zu dir,
ein Strahlen erhellt dein Gesicht
und wie Sterne leuchten deine Augen,
denn erblüht in dir
ist das Wissen des großen Geistes,
erblüht ist dein Herz,
und du weißt,
diese Zeit ist nun deine Zeit.

Ein wundervoll leuchtend goldener Stern
liegt auf dem Weg des Lebens,
ein strahlendes Wesen im Kleid des Menschen
geht auf dem Weg des irdischen Lebens,
es begegnet dem goldenen Stern,
es ist die Begegnung des Lichtes mit dem Licht,
sanft hebst du den Stern auf,
läßt Licht im Lichte erblühen,
läßt erstrahlen die Erde im goldenen Licht,
läßt erhellen alle Herzen des Lebens,
läßt sie gehen auf dem Weg des Lebens,
erleuchtet vom Strahlen des goldenen Sterns,
du bist ein Gesandter,
ein Verbündeter des goldenen Sterns,
du bist ein Wesen mit dem Wissen des Lichtes
auf dem Weg des irdischen Lebens.

Der Wind wird dich tragen, wohin du auch gehst,
wird mit dir spielen und dich umarmen,
die Sonne wird dich wärmen und behüten,
wird dich begleiten und berühren
mit ihrem wundervollen Strahlen,
das Meer wird dich empfangen
mit seiner Größe und seiner Weite,
wird dich trösten mit seinem Rauschen
und umgeben mit seinem Duft,
wisse, allein wirst du niemals sein,
denn all die,
die man nur mit dem Herzen sehen kann,
werden immer bei dir sein.

Kleiner, stiller See,
bist umgeben von lieblicher Landschaft,
in vollkommener Ruhe liegst du da,
eingebettet in irdische Geborgenheit,
sanft berührt der Nebel deine Oberfläche,
hält deinen Glanz verborgen,
verborgen vor den Menschenaugen,
doch die Augen des Herzens sehen dein Geheimnis,
fühlen deine Tiefe,
erkennen dein wahres Wesen,
respektieren dich in deiner ganzen Schönheit,
kleiner, stiller See, wie gern sitze ich
an deinem Ufer,
um zu spüren deine Ruhe und zu sein
mein wahres Sein.

Stolz und voller Anmut gehst du durchs Leben,
dein Herz ist voller Liebe,
dein Geist voller Wissen,
du scheinst mir als leuchtend blauer Adler,
du bist mit deiner geliebten Erde verbunden,
du bist hier, um sie ins Licht zu führen,
um ihr die langersehnte Ruhe und Liebe zu schenken,
hüll' sie ein in das Licht
deiner so wunderschönen Seele,
schenk' ihr deine Kraft,
deine Liebe,
so daß ihr gemeinsam aufsteigen könnt
in das Licht der Ewigkeit,
in euer Paradies.

Schneeflocke, du weiße Pracht,
du bezaubernder Stern,
hüllst das Land in Glitzern und Leuchten,
legst sanft Tausende von Sternen
auf das im Winterschlaf liegende Leben,
läßt tanzen die Sonnenstrahlen, die dich berühren,
du bist von vollkommener Schönheit,
von vollkommener Reinheit,
du bist in lichtvoller Anmut
die Schöpfung deiner Selbst,
laßt uns leuchten und strahlen
wie eine Schneeflocke,
und die Erde wird im ewigen Frieden sein.

Wind, du kraftvolles Wesen,
kommst zu uns als Bote des Himmels,
streichst sanft über leuchtende Blumenwiesen,
wiegst die Kronen der Bäume im tanzenden Spiel,
bringst Wolken so weiß wie der Schnee
und so dunkel wie der Grund des Meeres,
sprichst zu uns sanfte und kraftvolle Worte,
trägst uns von der Erde zum Himmel
und wieder zur Erde,
umgeben von deinen kräftigen Armen
dürfen wir spüren dein wahres Wesen.

Ich sehe eine braungoldene Rose,
betrachte sie mit meinem Herzen,
ich muß an dich denken,
du erinnerst mich an diese Rose,
sie hat ihre Blütenblätter weit geöffnet,
ist in ihrer ganzen Schönheit erblüht,
ist bereit, ihr Innerstes zu geben,
wird bewundert,
denn man spürt ihre Offenheit,
ihr gebendes Wesen,
sie ist so zart und voller Liebe,
leuchtende braungoldene Rose,
du erinnerst mich
an das leuchtende Wesen meiner Mutter.

Sonne,
du strahlender Stern,
du Planet voller Leben und Wärme,
dürfen deine Strahlen spüren
in deiner Güte und deiner Kraft,
in gebender Liebe umarmst du die Samen,
die Knospen,
die Triebe,
hauchst Leben in den Atem des Einen,
wie schön, wenn sie alle dich sehen würden
als tanzende,
funkelnde Sternenpracht,
wenn sie die,
die dir so nahe stehen, sehen würden,
du sandtest sie, um zu strahlen
und zu leuchten wie Tausende Sonnen,
diese lachenden Wesen,
die du sandtest als die Strahlen deiner Selbst,
man nennt sie Engel,
Sternenkinder,
Gottgesandte,
es sind die Sonnen dieser Welt.

Körper,
Krug meiner Seele,
trägst mich durch mein Erdenleben,
gehst mit mir durch dunkle Täler,
steigst mit mir auf Bäume,
um der Sonne nah zu sein,
erlebst die Tiefen des Schmerzes,
die Höhen des Glücks,
bist wie ein offenes Buch,
in dem ich lesen darf,
lehre mich,
deine ausgesprochenen Worte meiner Seele
zu verstehen,
Freund, du bist mir so nah,
gemeinsam werden wir den Weg beschreiten,
bis dann eines Tages
unsere Wege sich trennen werden,
es wird der Tag sein, an dem du zur Erde
und ich zum Himmel werde,
doch wisse, lieber Freund,
vergessen werde ich dich nie.

Lassen wir den Fluß des Lebens fließen,
lassen wir die Kraft des Geistes fließen,
auf und ab,
lassen wir die Zweifel hinter uns,
das Herz erblühen zur göttlichen Sonne,
strahlend und voller Kraft,
wie ein leuchtender Kristall,
der alle Lebewesen mit seinem Licht erwärmt,
und der Eine wird in uns sein,
uns führen,
bis wir das Ende der ewigen Straße erreicht haben.

Tiefe Traurigkeit erfüllt mein Herz,
traurig ist mein Seelengewand,
voller Sehnsucht kehre ich heim zu meinem wahren Selbst,
lass' mich umarmen und erwärmen
von dem Licht meiner Unendlichkeit,
sehe zu meiner Linken das Wesen im strahlenden Blau,
es reicht mir seine Hand,
denn wir wurden geboren, um gemeinsam
durch das Leben zu gehen,
tiefe Liebe und Verbundenheit
ist das Band, das uns bindet,
wie ein sanfter Nebel löst sich das Gewand
der Traurigkeit,
denn als Licht werden wir durch das Erdenleben gehen,
und ewig wird es in uns leuchten.

Licht,
unendliches Licht,
ein Lichtstrahl berührt die Erde,
verbindet sich mit diesem wunderbaren Planeten,
mit dem Licht kommen unendlich viele Sterne,
die auf ihm wandern und eins mit ihm werden,
fließendes Licht fließt in alles Leben,
Stern, Licht,
ja, Lichtstrahl, der du bist,
verbindest Welten,
bist das Wesen der Einen,
das Vergehen der Anderen,
du bist ein Teil des Einen,
verbunden mit den Deinen,
wunderbarer Lichtstrahl, der du bist.

Erde,
liebe, liebe Erde,
meine Heimat,
mein Herz,
wie wunderschön du bist,
ich umarme dich,
fühle deinen Schmerz,
nicht mehr lange und du wirst Ruhe finden,
wirst erblühen
zum glanzvollen Stern, der du bist,
hast uns so viele Jahre gegeben,
warst nur für uns da,
nun ist die Zeit gekommen,
die Erlösung ist nah,
getragen wirst du auf den Händen des Lichtes,
und Licht wird dein Erbe sein.

Du stehst da von Worten umgeben,
blickst in die Ferne,
hörst Worte wie Sehnsucht,
Wahrheit und Wissen in dir,
bist bereit, den Weg der Erkennung zu gehen,
deiner Bestimmung zu folgen,
kämpfst gegen das Wort Zweifel,
das manchmal dein Wesen umgibt,
stehst dann vor der Kreuzung deines Lebens,
und leise wird der Ruf deines Herzens sein,
hören wirst du das Wort ‚Vertraue',
Wissen wird dein Schritt sein
und die Ewigkeit dein Licht.

Der Sand leuchtend weiß,
das Meer blau,
unvorstellbares,
wunderbares Blau,
Sonne, laß deine Strahlen
in das Wasser fließen
und mich die Sterne des Meeres sehen.
sie tragen die Farben Gold und Silber,
sind die Träger der unendlichen Formen,
mahnen mich an die unbegrenzte
Schönheit der Schöpfung,
und unbegrenzt wird meine Wirklichkeit.

Tiere, liebliche Wesen,
Brüder und Schwestern, meine Freunde,
ich sehe in eure Augen und sehe das Licht des Einen,
spüre das Urvertrauen in eurem Herzen,
ihr seid hier, um mir Freude zu schenken,
um mich Einfachheit und Zufriedenheit zu lehren,
ich behüte euch,
schenk' euch meine Liebe,
geliebte Wesen, laßt mich euer Begleiter sein,
bis wir aufsteigen, um dem großen Geist
entgegen zu fliegen,
bereit, in unsere Vollkommenheit einzugehen.

Baum,
stolzer, majestätischer Baum,
so sehr verbunden mit der Erde,
so voller Ruhe und Kraft,
dein leuchtendes grünes Kleid
verzaubert mich,
du, der alles von mir weiß,
du, der mich tröstet,
der mich einhüllt
in seine Schwingung,
sein möchte ich wie du,
so voller Ruhe und Kraft,
Himmel und Erde sein,
Baum, Freund meiner Seele.

Schreiend ist mein Herz,
Schmerz und Schwere lassen es rufen,
hoffen, daß sein Klagen erhört wird,
daß seine Tränen die Welt berührt,
sein Klagen läßt mich erzittern,
erfüllt mich mit Hoffnungslosigkeit,
mit tiefer Traurigkeit,
stumme, reglose Menschen sehen mich an,
Augen voller Verständnislosigkeit,
das Weinen meines Herzens
läßt Tränen meine Wangen berühren,
Sehnsucht nach Ruhe,
der wahren Ruhe,
Sehnsucht ...

Ewigkeit,
du bist das Wasser des Meeres,
du bist das Leuchten der Sonne,
du bist die Blätter der Bäume,
du bist so nah und doch so fern,
ein Zauber umgibt dein Wesen,
Liebe und Licht sind deine Freunde,
du wirst getragen vom Wind des Lebens,
man nennt dich Atem Gottes,
dein Herz schlägt für die Weite,
deine Umarmung wird ewiges Leben genannt,
und voller Geduld
wirst du wartend sein.

An die Menschen dieser Welt,
laßt uns aufsteigen,
aufsteigen in unser Licht,
in unser wirkliches Sein,
kommt, steht endlich auf
und atmet,
atmet die unverlöschliche Quelle
der Lebensenergie ein und aus,
fühlt ihr die Kraft des Lichtes,
es ist die Ewigkeit, die ihr spürt,
streckt euch ihr entgegen,
laßt uns die Hände geben
und gemeinsam aufsteigen in unser Licht,
so werdet ihr ewig sein,
denn ewig ist euer Sein.

Du bist ein wunderschön leuchtender Stern,
dessen Strahlen die ganze Erde einhüllt,
du bist wie Wasser,
blau und unendlich tief,
kosmische Reinheit
in deinem ganzheitlichen Selbst,
du bist wie eine Blume,
langsam zur vollkommenen Blüte erwacht,
du bist wie eine Sonne,
die mit ihrem Herzen
alle Lebewesen wärmt,
du bist, der du bist,
ich danke dir,
daß du in diesem Leben
an meiner Seite bist,
du Wesen des blauen Lichts.

Berge,
es ist, als ob ihr mich rufen würdet,
euer Anblick ist für mich wie das
Erkennen einer Wahrheit,
es ist eure Ruhe,
eure Stille,
die mich so sehr an euch bindet,
stundenlang erfreue ich mich an euch,
sitze da und ertaste eure Schönheit,
wünschte, euer Geheimnis zu lüften,
nein, nicht euch zu erklimmen,
nicht eure Spitze zu besteigen,
nur euer wahrstes Sein zu erfahren,
Berge,
meine großen tiefen Freunde,
immer werde ich folgen eurem Ruf.

Hoffen,
es bleibt die Hoffnung,
wünschen,
es bleibt der Wunsch,
sehnen,
es bleibt die Sehnsucht,
geh hin und sprich mit deinem Herzen,
bleib da und hör auf deinen Verstand,
hin und her,
welches ist der Weg,
Licht, wo bist du,
zeig mir Wahrheit,
Hoffnung,
Wunsch,
Sehnsucht,
was bleibt ist Stille.

Seit einer Ewigkeit
leuchtet in deinem Herzen ein lieblicher Stern,
ein Stern der Gerechtigkeit,
der Harmonie und des Friedens,
doch Angst und Schmerz
haben dein Leben in Nebel gehüllt,
du träumst die Träume
des leuchtenden Sterns,
der Weg führt in dein Herz,
wo du nur zu öffnen brauchst die kleine Tür,
dort wirst du erblühen im Lichte deines Sterns,
wirst finden, was du lang hast entbehrt,
wirst finden den Frieden und die Harmonie,
so wird die Gerechtigkeit
dein ständiger Begleiter sein.

Kerzenlicht,
sanftes, warmes Licht,
bewegst deine Flamme wie in einem Tanze,
läßt erfühlen mich deinen Duft,
hast die Kraft eines Sterns,
bezaubernd ist dein Licht,
bist der Engel des Weltenlichts,
dein Kleid ist wunderbare Farbenpracht,
wirst Bote des Friedens genannt,
ich rufe dich,
um zum Erblühen zu bringen jedes Menschenherz,
für das immer dein Licht einhüllen wird
die geliebte Mutter Erde.

Schlafendes Wesen,
ruhender Körper,
rythmisch tönt dein Atem,
wiegt dich sanft zur Ruh',
deine Gesichtszüge voller Vertrauen,
verläßt dein enges Gewand,
um heimzukehren für Minuten deines Weges,
zu erkennen das Warum,
dann zurückzukehren voller Tatendrang
und zu erblicken das Licht
des neuen Morgens,
begleitet von den Gedanken,
da war doch ein wunderbarer Traum.

Wasser,
du unendliche Macht,
du lieber See,
siehst aus wie tausend schneebedeckte Berge,
graugrün, grünblau,
schimmerst du in der sanft eindunkelnden Nacht,
dein Leben ist Bewegung,
deine Energie die Macht,
beherrschst das Leben,
beherrschst die Ufer,
deine Namen sind
Entstehen und Vergehen,
laß mich eintreten in dein Selbst,
laß mich finden die Ruhe,
laß mich sein ein Teil von dir,
verbinden,
entstehen,
vergehen und werden.

Leben ist Atem und Bewegung,
Leben ist Eins sein mit sich selbst,
Eins sein mit seinem Ich und seinem Du,
sein wie ein Wassertropfen,
vom Himmel gekommen,
die Erde berührt,
mit dem Bächlein verschmolzen,
zum Fluß geworden,
und immer in Bewegung,
nur mit dem einen Ziel,
ins Meer zu fließen,
in die Unendlichkeit des Meeres,
vereint mit einer wundervollen Kraft,
um dann endlich wieder aufzusteigen
in die Ewigkeit,
vom Himmgel gekommen,
zum Himmel gegangen,
Leben ist Atem und Bewegung.

Wundervoller Gesang,
er berührt mich,
dringt in mich ein,
in mein tiefstes Sein,
es ist als ob
ich mit ihm auf weißen Wolken schweben würde,
unendlich schwerelos,
er bringt mir Bilder,
die nur mein Herz beschreiben kann,
Tränen, die wie Kristalle funkeln,
ertasten mich,
es ist die Traurigkeit
nach der Glückseligkeit,
es ist die Schwere
nach der Schwerelosigkeit,
die mir zeigt,
daß ich im Jetzt und Hier lebe,
und doch für Momente
in der Wirklichkeit war.

Du bist wie ein Baum,
stark und mit Kraft erfüllt,
gefühlvoll,
zart wie die Blätter
und die Blüten eines Baumes,
in dir vereint Himmel und Erde,
der Wind spielt mit dir den Lauf des Lebens,
Regen und Sonne sind deine Freunde,
sind Reinheit und Energie,
du wirst Stürme überstehen,
dein Herz wird rein bleiben,
bis dein Schöpfer dich ruft,
deine Seele heimkehren wird
in die Unendlichkeit
und du zufrieden sehen wirst, was du hast getan.

Berauschender Frühling,
die Vögel besingen dich,
mit ausgestreckten Armen
empfängt dich die Mutter Natur,
die Sonnenstrahlen berühren die Erde
und sprießend erscheinen
die leuchtend grünen Grashalme,
die Frühlingsblumen öffnen ihre Knospen,
zeigen dir ihr schönstes Farbenkleid,
der Wind trägt dir
ihren betörenden Duft entgegen,
die Tiere widmen dir ihren Frühlingstanz,
und der Rhythmus des Lebens beginnt,
es ist das Werden, das übergeht ins Vergehen,
so wird der Kreis des Lebens geschlossen
und du, lieber Frühling,
wirst immer der Anfang sein.

Mein irdischer Vater,
du warst so jung,
als das Schicksal beschloß,
mich zu zeugen,
du liebtest das lockere Leben,
liebtest zu gehen wo du wolltest,
dann kam das Kind,
das Verantwortung dir zurief,
du hast dich bemüht, ein guter Vater zu sein,
hast viel gegeben,
doch immer wieder hat der Atem
der Freiheit dich eingeholt,
du brachst aus,
um zu leben, was verboten dir war,
so hab ich dich als Vater ausgewählt,
um zu lernen,
daß die Wörter Richtig und Falsch
nur Wörter aus Menschenmund sind,
so möchte ich dir sagen,
in meinem Herzen hätte ich nie
einen anderen Vater gewollt,
und Gedanken der Liebe schenke ich dir,
Vater, der mich hat gezeugt.

Das Blatt wird vom Wind bewegt,
getragen von ihm ist sein Weg ein auf und ab,
Regentropfen berühren es,
lassen seine Farben leuchtend aussehen,
Sonnenstrahlen berühren es, trocknen es,
eine leuchtend blaue Libelle setzt sich auf dieses Blatt,
sie streckt ihre Flügel, wärmt sich,
erwärmt ihr ganzes Wesen im Schutze dieses Blattes,
kleines, wunderschönes Blatt,
hast viele Aufgaben in deinem irdischen Leben,
bist Heimat, Obdach,
Licht und Leben,
schenkst deine Schönheit vielen Wesen,
wirst behütet von glanzvollen Elfen,
bist Nahrung für den Baum,
der dich viele Wochen auf seinen Armen trug,
kleines, liebes Blatt,
mit Dankbarkeit schließe ich dich in mein Herz.

Meer,
du Spiegel meiner Selbst,
du weißes, blaues, goldenes Wesen,
einmal sanft und still,
großes Wesen der Ruhe,
dann wieder unaufhaltsam,
großes stürmisches Wesen,
ich sehe dich an
und sehe mich
umgeben von Wesen des Lichts,
in Tiefen,
in Höhen,
geführt und verstanden,
ich sehe dich an und weiß,
du bist der Spiegel meiner Selbst.

Freund Nacht,
kommst immer auf leisen Sohlen,
bringst mit die Dunkelheit,
die sanft ihren Mantel um all das Leben legt,
dein eigen nennst du die geräuschvolle Stille,
manch menschliches Wesen schaudert vor dir,
Erlösung findet unseres Wesens Hülle
in deinem Bruder, dem Schlaf,
und manchmal gibt es Tage,
wo erblicken du läßt deine Sternenpracht,
wo der Mond sein schönstes Gewand anzieht,
so seist gepriesen du, Nacht,
um deiner Schönheit willen.

Du stehst vor dem Weg deines Lebens,
ein Bild ist tief in deinem Innern,
ein wunderbares Bild,
es zeigt dir ein großes, strahlendes Licht,
du fängst an zu laufen,
schneller und immer schneller,
nur noch mit einem Gedanken,
die Erfüllung des Lichtes zu erfahren,
du vergißt die kleinen Abzweigungen
auf deinem Lebensweg,
die wunderbaren Schönheiten
kannst du nicht erkennen,
die leisen Rufe deines Herzens
willst du nicht hören,
als du nun endlich das Licht berührst,
schenkt es dir seine Erfüllung,
doch dein Selbst hast du verloren,
denn den Zauber des Wortes Geduld
hast du nicht erkannt.

Der Wind,
der die Blätter der Palmen zum Singen bringt,
der mit den Wellen des Meeres Lieder vollbringt,
Wind und Meer,
betäubendes Rauschen,
betäubende Musik,
in mir und um mich
alles in Bewegung,
Leben in mir und um mich,
ich bin ein Teil des Lebens,
ein Teil der rauschenden Musik,
ich spüre es,
ich bleibe es,
ich bin es.

Mein Bruder,
der du der Bruder jedes Lebewesens bist,
du bist so wunderschön,
keine irdischen Worte können beschreiben
dein leuchtendes Antlitz,
du bist in jedes Lebewesens Herz,
mein, unser Bruder,
kamst von unser aller Vater-Mutter,
um zu legen die Glut in aller Herzen,
in den Tieren, den Bäumen, den Pflanzen
ist sie zum Feuer entfacht,
doch im Menschen,
der den freien Willen seinen Freund nennt,
ist es in jedermanns eigener Hand,
ob die Glut zur kleinen Flamme entfacht,
Bruder, der du so viele Namen hast,
bringst immer ein und dieselbe Glut,
wenn sie es doch alle nur erkennen würden,
daß die unendliche Liebe
und das unverlöschliche Licht
von dem Einen geschickt,
der unser aller Vater-Mutter ist.

Tief ist das Tal des Lebens,
viele Jahre gehst du auf verborgenen Wegen,
Wege, die du allein hast gewählt,
das Leuchten der Sonne ist dein Hüter,
du selbst formst den Sinn deines Lebens,
da ist der Tanz, der dir Flügel verleiht,
da ist der Duft des Grases, den du so liebst,
da ist dein Humor, der dich verzaubert,
und dann der Engel an deiner Seite,
mit dem du das Licht der Ewigkeit sehen wirst,
dein Wesen ist der Spiegel der Weisheit,
dein Strahlen der Weg,
und dein Herz die Wahrheit.

Das Lächeln des Delphins,
dein ewiges Lächeln versteckt dein tiefes Leid,
es berührt die Menschenherzen,
sie sehen in dir die Fröhlichkeit,
doch dein Leid, das sehen sie nicht,
sie fühlen sich mit dir verbunden,
doch deine Freiheit, die geben sie dir nicht,
voller Ruhe und Frieden gleitest du durch die Meere,
zauberhaft scheint die Sonne in die Wasser
und erhellt dein Wesen in göttlicher Anmut,
manchmal ist da ein verwandtes Wesen
ins Menschenkleid gehüllt,
Freunde könntet ihr sein,
wäre da nicht der Strom der Anderen,
der Vernichtung schreibt auf dein strahlendes Antlitz,
dann wird nur noch bleiben dein ewiges Lächeln
und die Erinnerung.

Augen der Traurigkeit

leuchten in der Nacht,

Tränen lassen sie schimmern wie Sterne,

es ist, als ob der Himmel weinen würde,

Tränen berühren das Herz,

es ist, als ob die Erde bluten würde,

Augen voller Trauer und Schmerz,

voller Verzweiflung blicken sie zum

Himmel und zur Erde,

und in glanzvoller Pracht entsteht

ein Strahl des Lichts,

und er wird Strahl der Hoffnung genannt.

Der Sonnenstrahl,
der die Träne in deinem Gesicht trocknet,
die Blume am Wegesrand,
die dein Herz beglückt,
ein Mensch,
der dankend dir die Hände reicht,
der Vogel,
der dir fliegend zuruft,
und dann die Waage,
die zwischen Schwermut und Traurigkeit pendelt,
wisse, liebes Sternenkind,
das Leben, das du hast gewählt,
ist das Kleid und Leid des Menschenkindes,
so wirst du hier auf Erden sein,
um zu reichen deine lichten Hände
denen, die da sind,
und erblühen wird dein Herz in Fröhlichkeit,
und versiegelt wird der Tränenfluß,
denn erkannt hast du deines Lebens Sinn.

Vom Himmel gesandt
hast die Erdenmutter berührt,
um zu gehen in des Nachtes Dunkelheit,
um zu berühren die Sonne
und das Wasser,
um zu wiegen das Kind,
das du in dir trägst,
das Lichtkind, das du selbst bist,
gesandt von hohen Himmelssphären,
bist du da, um zu erwachen
und zu erwecken,
die Kinder, dessen Name Mensch ist,
zu berühren und zu führen
in das ewige Licht,
um zu sein, wie du es bist,
denn nun ist die Zeit der Zeitenwende da,
und geschehen wird, was da gesagt,
so streu' die Samen und erfreu' dich an der Ernte.

So wird der Eine um des Anderen Willens warten,
denn zu beschreiten ist der Weg,
der gezeichnet wurde
im Buch der Bücher,
gemeinsam,
so wird aus zwei Herzen Eines werden,
und doch werden es zwei bleiben,
so sind die zwei Seelen,
einmal führend und dann folgend,
gesegnet mit dem Wind des Himmels.

Die Hände gefaltet,
das Haupt gesenkt,
Verzweiflung und Vertrauen
im wechselnden Spiel,
wo ist das Ziel,
und wo ist der Weg,
die Hände sind leer,
der Kopf voller Gedanken,
was soll ich nur tun,
tue ich recht,
es gibt so viele Wahrheiten,
doch was ist für mich wahr,
wo bin ich,
wo stehe ich
was soll ich nur tun.

Zu gehen
ohne zu fragen warum,
was für ein Vertrauen,
zu stehen
ohne zu tragen die Last der Gedanken,
was für eine Leichtigkeit,
zu schwimmen auf dem Fluß der Flüsse
ohne die Angst, unterzugehen,
was für ein Wissen,
zu weinen und zu sich zu stehen,
was für eine Tiefe,
zu lieben, ohne Grenzen zu setzen,
was für eine Liebe,
und zu sein um Seinetwillen,
was für ein Mut.

Es ist das Leben,
das diese Zeilen schrieb,
dieses Leben, das ich hab' gewählt,
da war ein Schwur, den ich mir gab,
zu bestehen die großen
und die kleinen Sorgen,
zu achten das Gewand,
das man hier Körper nennt,
zu lieben mein Schön
und mein Schlecht,
zu erkennen den Weg,
den ich hab gesteckt,
zu lernen die Akzeptanz
und die Offenheit,
dazustehen als stolzes Wesen
und immerfort zu sagen,
ICH BIN, DER ICH BIN.

Diese Worte wurden geschrieben
für das auch Du Dich erinnerst,
erinnerst an Deine Wirklichkeit,
da ist das was war,
und das was sein wird,
und das Jetzt,
das ist die Mitte,
nun, verbinde sie alle miteinander,
und Du wirst Dich erinnern.